LE

TIERS PARTI

ET LES

LIBERTÉS INTÉRIEURES

PARIS

DENTU, LIBRAIRE-ÉDITEUR

17 ET 19, GALERIE D'ORLÉANS, PALAIS-ROYAL

1866

LE
TIERS PARTI

ET LES

LIBERTÉS INTÉRIEURES

I

« Il est deux choses dont les peuples généreux et policés ne peuvent se
« passer : l'une est la tranquillité, l'autre est la liberté (1). »

L'Empereur a donné à la France le premier de ces biens. Il a maintenu
depuis quinze ans la paix et la tranquillité intérieures. Il a assuré le développement heureux des richesses nationales. Il a fait plus encore : il a
agrandi le territoire, il a rendu au pays la part d'influence qu'il mérite
dans les conseils du monde, augmenté son patrimoine de gloire militaire,
et inscrit sur le drapeau national les noms de glorieuses victoires.

Pour compléter sa tâche et remplir sa mission, l'Empereur doit aujour-
d'hui, en développant dans le sens des principes de 1789 la Constitution
de 1852, restituer à la France ces libertés politiques qui sont, dans les
nations modernes, le complément et la garantie des droits sociaux.

En 1852, la France n'a pas voté sur la forme définitive de ses institutions (2) ; elle a surtout voulu remettre le pouvoir et confier ses destinées
aux mains de celui qui l'avait sauvée de l'anarchie. Elle n'a point mar-
chandé sa liberté, car son besoin le plus impérieux était l'ordre et la

(1) BARNAVE, discours du 31 août 1791.
(2) « Je soumets à vos suffrages les bases fondamentales suivantes d'une Consti-
« tution que les assemblées développeront plus tard. »

(Proclamation au peuple, du 2 décembre 1851.)

1866,

sécurité ; mais il n'était entré dans l'esprit de personne que la concentration énergique des pouvoirs remis à l'Empereur dût survivre aux circonstances qui l'avaient fait naître.

L'Empereur, en déclarant la Constitution perfectible, avait permis toutes les espérances, et, dans plusieurs circonstances solennelles, il avait pris soin d'affirmer lui-même que l'avénement de la liberté était une question de temps et d'opportunité.

Son passé répondait de l'avenir : jamais il n'avait renié l'héritage du fondateur de sa dynastie, qui, à Sainte-Hélène, dictait au général Bertrand ces paroles mémorables : « Dites à mon fils qu'il donne à la nation autant « de liberté que je lui ai donné d'égalité. » Dans l'exil et dans la prison, dans ses œuvres et par ses actes, il avait défendu, en termes éloquents et vraiment inspirés, l'alliance de l'idée napoléonienne et de la liberté, et la France avait acclamé en lui, non-seulement le neveu du Grand Homme, mais aussi celui qui, héritier de sa pensée, venait fonder notre liberté.

En 1860, une première réforme modifiait le pacte constitutionnel. Les Chambres étaient appelées à voter une adresse en réponse au discours du Trône : leurs débats étaient livrés *in extenso* à la publicité, et des ministres venaient défendre la politique du gouvernement devant les représentants du pays.

L'opinion accueillit avec une profonde reconnaissance les concessions du pouvoir, non parce qu'elle y voyait la restitution de toutes les libertés désirées, mais parce qu'elles étaient un gage d'amélioration pour l'avenir.

L'Empereur, bientôt après, reconnaissait loyalement la nécessité de nouveaux progrès, en adressant aux exposants français de Londres ces paroles qui sont tout un programme : « Vous avez dû être frappés en An- « gleterre de cette liberté sans restriction laissée à la manifestation de « toutes les opinions, comme au développement de tous les intérêts... La « France y parviendra aussi, le jour où nous aurons consolidé les bases « indispensables à l'établissement d'une entière liberté (1). »

Il n'est donc pas étonnant qu'après des encouragements venus de si

(1) Discours du 26 février 1863.

haut, et après quinze ans d'une tranquillité profonde, le pays, reposé de ses épreuves antérieures, préoccupé de la conduite de ses intérêts développés par la paix, se passionne pour la liberté politique, et demande une nouvelle extension de ses franchises constitutionnelles.

Nous sommes heureusement bien loin de toute crise révolutionnaire, et nous pouvons, sans crainte et sans imprudence, demander ce couronnement de l'édifice politique, promis par l'Empereur à l'ouverture de la session législative de 1853 :

« A ceux qui regretteraient qu'une part plus large n'ait pas été faite à « la liberté, je répondrais : La liberté n'a jamais aidé à fonder un édifice « politique durable : elle le couronne, quand le temps l'a consolidé (1). »

Depuis ces paroles, les passions se sont apaisées, ainsi que l'a prouvé l'usage que le pays a su faire des concessions de 1860.

Une souveraine que le pays a appris à connaître et à aimer s'est assise sur le trône auprès de l'Empereur, et de leur union, bénie par Dieu, est né un prince au nom duquel et pour lequel il faut désormais travailler à l'avenir.

La situation est donc prospère, et jamais gouvernement n'aura eu plus heureuse occasion d'unir indissolublement les destinées d'un pays et d'une dynastie.

Pour accomplir cette œuvre désirable, il faut, après avoir fondé le pouvoir, fonder la liberté.

II

La liberté! la France la désire et l'attend, et nous ne pouvons assez nous étonner d'avoir vu des hommes politiques considérables, d'anciens ministres (2), traiter de manœuvres de parti (3), cette revendication

(1) Ouverture de la session législative, du 14 janvier 1853.

(2) MM. de Persigny et Rouland, séance du Sénat, 14 février 1866.

(3) « Voir dans les besoins du peuple que des menées révolutionnaires, dans « les hommes qui désirent l'honneur et la liberté de leur pays que de vils ambi- « tieux, n'est-ce pas, » suivant l'Empereur (*Considérations politiques et mili-*

calme et réfléchie des droits de la nation, et déclarer que la France ne voulait rien, n'attendait rien.

Eh quoi! la revendication, chaque jour plus énergique, de la liberté par tous les journaux, quoique placés sous le régime discrétionnaire!

Les votes, chaque jour plus nombreux, acquis par les candidats de l'opposition, même lorsque les candidats officiels sont des personnages dignes de l'estime et de la confiance publiques!

Toutes les grandes villes, Paris, Lyon, Marseille et Strasbourg, donnant leurs suffrages aux candidats qui réclament le plus hautement la liberté!

N'est-ce pas un avertissement plus éloquent encore de constater que toutes les élections se font désormais au nom de la liberté, toutes sans exception, qu'il s'agisse de conseils municipaux, de conseils généraux ou de la députation?

Les demandes d'améliorations ne se trouvent pas seulement dans les professions de foi de l'opposition, mais aussi dans les circulaires des candidats officiels qui, après 1852 jusqu'à 1863, n'avaient eu à parler, pour être écoutés, que de leur dévouement à l'ordre et de leur adhésion à l'empire.

Devant ces manifestations de l'opinion publique, nous regrettons d'avoir à constater que, dans les régions gouvernementales, il existe un parti qui, satisfait du *statu quo*, ne voudrait rien au-delà de l'état de choses établi par le décret du 24 novembre 1860. Nous faisons abstraction d'un groupe de serviteurs plus dévoués qu'intelligents, qui regretteraient peut-être les concessions récentes, et voudraient nous ramener à 1852, c'est-à-dire au lendemain de cette crise « où le danger des factions avait nécessité l'éta- « blissement d'une dictature passagère. »

Déclarer la porte fermée aux réformes, inscrire au frontispice de notre Constitution que tout est parfait et immuable, c'est répondre par les implacables paroles du Dante : «*Lasciate ogni speranza,*» aux aspirations de

taires sur la Suisse), « l'éternelle tactique et l'éternelle erreur des partis conser- « vateurs? »

cette génération qui s'est élevée depuis quinze ans, et qui, n'ayant pas subi la triste expérience des discordes civiles, est avide de recueillir l'héritage de 1789.

Est-ce à dire que nous devons renoncer à l'exercice de ces institutions viriles dont l'Angleterre jouit depuis des siècles? Et si l'on récuse l'Angleterre, pourra-t-on récuser la Belgique, l'Italie, la Suisse, la Hollande et tous les autres pays constitutionnels qui se sont inspirés de ces principes éternels de droit et de justice, que la France a fait triompher par l'épée et par la pensée, et dont Napoléon Ier a été l'apôtre et le martyr ?

Ces questions préoccupent au plus haut degré l'opinion publique, et les aspirations de la grande majorité du pays ont trouvé leur expression dans un amendement présenté au Corps législatif par quarante-cinq députés, dont l'adhésion à l'empire n'est pas suspecte.

Cet amendement (1), en affirmant qu'il y a « convenance et opportunité à donner à l'acte de 1860 les développements qu'il comporte, » a été, dans la forme la plus modérée et la plus respectueuse, un programme de politique intérieure.

Ce programme doit devenir celui de tous les honnêtes gens qui, las des bouleversements stériles, amoureux de l'ordre et de la paix, se rallient franchement à la dynastie issue du suffrage universel, et veulent fermer sans retour l'ère des révolutions par l'alliance de l'empire et de la liberté.

Cette alliance est possible.

Les événements ont créé un grand parti tout à la fois libéral et conservateur, qui, abjurant les rancunes et les préjugés du passé, a compris qu'il était absurde de discuter sans cesse telle ou telle forme de gouver-

____

(1) *Amendement présenté par* **M. Buffet** *et voté par* 61 *députés:*

« Cette stabilité n'a rien d'incompatible avec le sage progrès de nos institutions. La France, fermement attachée à la dynastie qui lui garantit l'ordre, ne l'est pas moins à la liberté, qu'elle considère comme nécessaire à l'accomplissement de ses destinées. Aussi le Corps législatif croit-il aujourd'hui être l'interprète du sentiment public en apportant aux pieds du trône le vœu que Votre Majesté donne au grand acte de 1860 les développements qu'il comporte. Une expérience de cinq années nous paraît en avoir démontré la convenance et l'opportunité. La nation, plus intimement associée par notre libérale initiative à la conduite de ses affaires, envisagera l'avenir avec une entière confiance. »

nement, et qui voudrait que l'Empereur donnât à la France cette liberté politique qui, suivant Montesquieu, peut avoir des éclipses, mais qui ne disparaît jamais. Ce parti a reçu le nom de *Tiers-Parti*, que j'ai pris comme titre de cet opuscule.

Ce titre signifie que nous nous séparons également et des représentants des anciens parti qui rêvent la modification de la forme du gouvernement, et des conseillers de la couronne qui, obéissant à de dangereuses illusions, croient que la France est indifférente à la liberté, et donnent au pouvoir le funeste conseil d'une politique de résistance.

Après avoir signalé l'erreur que commettait le monde officiel, essayons de démontrer que le gouvernement de l'Empereur doit achever résolument l'œuvre commencée et donner au monde le spectacle merveilleux d'un peuple qui marche vers la liberté sous la conduite d'un prince qui comprend son époque et l'exercice du pouvoir suprême.

III

L'empire, pour être durable, doit donner la liberté, car en dehors d'elle « il peut y avoir, pour la société française, des heures d'éclat « et des années de succès, mais non le repos avec la dignité, ni cette vie « régulière, puissante et libre, qui est l'état normal des pays comme des « individus bien constitués (1). »

Croire que le développement de ses richesses peut suffire à l'activité de notre pays, c'est méconnaître ses tendances génereuses. Peser tout dans la balance des intérêts matériels, mettre d'un côté le repos et la tranquillité et prétendre que ce plateau doit l'emporter toujours sur celui où se pèsent les questions de morale et de dignité , cette théorie n'a jamais réussi en France. M. Guizot a voulu en faire le programme de sa politique intérieure, et ce programme a conduit en moins de cinq ans la dynastie de Juillet du trône à l'exil (2).

(1) Oscar de Vallée.
(2) M. Guizot disait en 1843 : « Affermissez vos institutions, éclairez-vous,

La chute des gouvernements qui ont précédé l'empire ne prouve rien contre la liberté, car aucun d'eux, l'histoire le prouve, n'a pu sérieusement travailler à la fonder.

Louis XVI, bien qu'animé des meilleures intentions, était trop timide, trop irrésolu et trop accessible aux conseils de sa Cour, pour diriger le mouvement de 1789 et prévenir.les excès.

Après les luttes, les violences, les bouleversements de la révolution, Napoléon fut forcé, par la guerre, de gouverner, non en despote, mais en dictateur, car il devait en même temps combattre à l'extérieur l'Europe coalisée, fonder à l'intérieur une société en rapprochant des hommes tour à tour proscrits et proscripteurs.

Son œuvre, arrêtée par la guerre, ne devait pas être reprise par les gouvernements qui suivirent.

En 1815, la France venait d'être vaincue, envahie, trahie, et la dynastie qui prenait ses destinées au lendemain de ses désastres et de ses défaites, devait être, à tort ou à raison, considérée comme imposée par l'étranger.

Loin de chercher à calmer les passions par une politique vraiment libérale, les Bourbons de la branche aînée, sous l'inspiration de conseillers au dévouement aveugle, devaient fatalement arriver à une catastrophe, suite de leur répugnance à accepter les principes la révolution.

La monarchie de Juillet n'avait rien de ce qui impose le respect et permet de discipliner une nation. Louis-Philippe n'avait pas la légitimité de la naissance; il n'avait pas celle de l'élection populaire, car 221 députés sans mandat spécial ne pouvaient pas parler au nom du pays. Enfin, aux yeux de la France, qui a à un si haut degré le sentiment de la famille, il y avait quelque chose de funeste à son prestige dans sa royale origine.

Bourbon, il avait spolié un Bourbon.

Son administration ne fut pas à la hauteur des aspirations du peuple, qui voulait que 1830 fût une revanche de 1815.

« enrichissez-vous , améliorez les conditions morales et matérielles de notre
« France : voilà les vraies innovations; voilà ce qui donnera satisfaction à cette
« ardeur de nouveauté, à ce besoin de progrès qui caractérise cette nation. »

Louis-Philippe eut peur d'une politique hautaine et fière, dont le résultat pouvait être la guerre. Il adopta un système mixte, qui ne fut ni la guerre avec ses chances, ni la paix avec ses bienfaits. Il n'y a donc pas à s'étonner si, manquant de cette grandeur qui impose le respect, la monarchie de Juillet n'ait pu supporter la liberté, même restreinte.

Quant au gouvernement de 1848, il ne pouvait, dans sa courte existence, fonder en France une œuvre durable, au lendemain d'une crise sociale.

Concluons donc de ce rapide examen que les tentatives, même loyales, de fonder la liberté, ont toujours eu lieu dans les circonstances les plus défavorables et lorsque les gouvernements ne pouvaient assurer le calme, la sécurité, l'apaisement des esprits, nécessaires au succès de ces expériences.

Après tant d'années de luttes et de déceptions, faut-il renoncer à de nouvelles expériences? Faut-il, quand l'amour de la liberté s'éveille chez tous les peuples, nous accroupir dans une immobilité peureuse?

Non. La tâche de rétablir la liberté incombe au gouvernement de l'Empereur. Quel temps, du reste, fut jamais plus propice, et quelles objections peut-on faire contre la liberté?

Les partis contraires n'ont point disparu ; mais leur existence n'a jamais été, sous un gouvernement fort de l'assentiment de la nation, un motif pour retarder les réformes nécessaires.

Nous en avons un exemple à nos frontières. L'Italie est fondée d'hier. Les partis qui l'agitent s'attaquent même à son unité. Cependant son gouvernement n'a pas enlevé la liberté de la presse, la liberté de réunion et d'association aux partisans du roi de Naples, aux partisans des ducs de Toscane, de Parme et de Modène. Ses ennemis en sont-ils plus redoutables? Non. Le nouveau royaume s'affermit, grandit et prospère avec la liberté.

Les partis qui divisent la France sont-ils plus dangereux ?

Examinons ces ennemis terribles qu'invoquent à tout propos les orateurs du gouvernement.

IV

Le parti légitimiste?...

Il y a là des traditions de famille, de pieux souvenirs représentés par des hommes dignes de toute estime, des chefs, un brillant état-major, mais pas d'adhérents. Si quelques rares prosélytes viennent se rallier à ce parti, ce sont des parvenus à particule douteuse, des anoblis de fraîche date, qui veulent faire croire que leur blason bourgeois était aux croisades et qui s'efforcent de persuader que leur foi politique est un legs de leurs aïeux.

Quel usage pourront faire les légitimistes de la liberté accordée?... Proposer de faire revenir un illustre exilé? La France n'ira pas exposer son repos, sa prospérité, uniquement pour couronner un prince qu'elle ne connaît pas.

Craint-on le parti républicain?

Mais, entre les républicains et les bonapartistes, il n'y a qu'un malentendu. Ils ont eu les mêmes jours d'épreuves et de combats. Pourquoi resteraient-ils divisés, si l'empire triomphant donne la liberté?

La république est une forme de gouvernement, mais ce n'est pas la liberté; et le jour où l'empire sera à la tête des idées de 1789, ce parti perdra ses soldats. Si, au suffrage universel, au droit de discuter ses intérêts (*loi sur les coalitions*), aux moyens de s'organiser (*loi sur les sociétés ouvrières*), le peuple joint les libertés politiques, le croit-on assez insensé pour déserter ses ateliers, descendre dans la rue, bouleverser la société, gaspiller ses chances de bien-être et de fortune, pour le triomphe d'une idée, qui aurait pour seul résultat d'amener au pouvoir quelques avocats ou journalistes ambitieux?

Sans doute, de ce parti, il pourra rester un groupe de rêveurs, d'apôtres, d'illuminés, qui vivront dans le passé, caressant une forme de gouvernement idéal. Mais en quoi l'empire aura-t-il à redouter ces amoureux des institutions de Sparte et de Rome?

Les orléanistes sont donc ceux qui retarderaient l'avénement de la liberté?

Mais leur parti ne représente pas un principe, et c'est au nom d'un principe qu'une révolution se fait.

La branche cadette des Bourbons ne peut invoquer :

Ni la légitimité qu'elle a violée;

Ni la liberté qu'elle a méconnue;

Ni la souveraineté nationale qu'elle ne donnait qu'à deux cent mille électeurs.

Son seul titre de gloire est d'avoir pendant dix-huit ans pratiqué, avec mille craintes et mille restrictions pourtant, ces franchises constitutionnelles qui ne lui ont été fatales qu'à cause de son origine et de son entêtement à ne pas satisfaire aux vœux de la nation.

Du jour où l'empire donnera la liberté, ce parti sera dissous. Il n'aura plus pour représentants que des serviteurs qu'il faudra honorer dans leur fidélité, que des vieillards qu'il faudra respecter dans leurs illusions; mais il n'aura rien de cette force morale, de ce prestige qui conquiert les esprits et les cœurs.

Les trois partis, aujourd'hui coalisés contre la dynastie, malgré leurs aspirations et leurs intérêts contraires, seront divisés du jour où le pouvoir aura effacé de leur programme le seul mot qui puisse les rassembler. Si républicains, orléanistes, légitimistes, sont réunis contre l'empire, c'est qu'ils ont pour drapeau commun ce mot magique qui leur donne des soldats : La liberté!

Que l'empire leur prenne ce mot de ralliement; qu'il se mette à la tête des idées libérales; qu'il ne craigne pas, lui, issu du suffrage populaire, les obstacles où se sont brisés les pouvoirs de la restauration et de la monarchie de Juillet, et qu'il achève sans crainte et sans faiblesse l'œuvre de 1789.

Alors, aux rayons de la liberté, s'évanouiront les vains fantômes des partis contraires, comme, au soleil levant, s'évanouissent les fantômes de la nuit, fils de l'erreur et de la crainte.

V

La mobilité de notre esprit public est, après l'existence des partis contraires, l'argument favori des amoureux du *statu quo*.

Après soixante-dix ans de révolutions, après avoir tour à tour connu « l'excès ou l'abus de la domination de la part du souverain, l'excès ou « l'abus de la liberté de la part des sujets (1), » est-il donc étonnant que le tempérament politique de la France soit encore sujet aux défaillances?

Si un secret malaise nous tourmente, n'est-ce pas, ainsi que l'a dit l'Empereur lui-même, parce que le grand mouvement de 1789, n'est pas encore achevé (2)?

C'est là qu'il faut chercher la cause de nos agitations sans cesse renaissantes, et le grand malheur de notre patrie est de n'avoir pas trouvé un gouvernement assez intelligent pour se mettre résolument à la tête des grands intérêts de la civilisation.

Pour fortifier notre esprit public, le Gouvernement doit nous initier par de sages réformes aux institutions des peuples libres et ne pas attendre, ainsi que le lui reprochait M. Émile Ollivier, que, « par un miracle, l'habi- « tude de la liberté et les mœurs de la liberté aient été acquises sans « avoir été pratiquées (3). »

Nous savons que, pour ajourner nos libertés, on ajoute que les mœurs publiques ne peuvent se former que lentement dans un pays profondément démocratique et dépourvu du contrepoids utile d'une aristocratie.

Comme pouvoir politique, *la Noblesse* est morte en France, et les hommes d'État ne peuvent avoir la prétention de la reconstituer, ou de reculer indéfiniment les réformes sous ce prétexte.

Qu'il nous soit permis de dire que MM. Rouher et de Persigny ont

(1) Le chancelier d'Aguesseau.

(2) « La révolution sociale a triomphé malgré nos revers, tandis que la révo- « lution politique a échoué malgré les victoires du peuple. »

(Idées Napoléoniennes.)

(3) Discours du 19 mars 1868.

méconnu la grandeur de notre bourgeoisie et son rôle dans l'exercice du suffrage universel.

La bourgeoisie n'est plus, comme en d'autres temps, confinée dans un pays légal, dont les frontières ne s'abaissaient que devant le chiffre de la fortune. Aujourd'hui elle se compose de tous les représentants de la propriété, des professions libérales, du commerce et de l'industrie. Ses rangs se grossissent chaque jour de nombreux travailleurs qui s'élèvent par l'ordre, la conduite et le talent. Cette bourgeoisie a ses traditions glorieuses. De concert avec nos rois, elle a fondé l'unité nationale. De concert avec le peuple, elle a fondé la société moderne. Elle a donné à tous nos gouvernements d'éminents ministres, et les plus éloquents et les plus habiles conseillers du second empire appartiennent à cette classe moyenne qui, s'il était nécessaire, serait entre la masse de la nation et le pouvoir un intermédiaire suffisant.

Au surplus, nous ne croyons pas que le suffrage universel exige ce luxe de précautions, de digues, de contrepoids, dont l'éloquent ministre d'État a parlé au Corps législatif, et que l'exercice de ce droit ne soit compatible qu'avec une grande concentration d'autorité dans les mains du pouvoir.

N'est-ce pas le suffrage universel qui a fondé l'empire ?

Les ministres de l'Empereur ont-ils perdu le souvenir et la reconnaissance de « la confiance absolue, la fidélité touchante avec laquelle, dans « la paix ou dans la guerre, dans les mauvaises comme dans les bonnes « circonstances, le peuple français n'a cessé de le (l'Empereur) soutenir, « de l'entourer, de le défendre (1). »

On parle de notre esprit public comme d'un danger, et cependant les rapports officiels ne constatent-ils pas avec éloges que les impôts se perçoivent sans difficulté, que la justice se rend sans obstacle, que nos institutions se pratiquent sans trouble, et qu'enfin une répression politique est chose inconnue au second empire ?

Depuis dix-huit ans, le suffrage universel fonctionne avec un calme, une dignité admirables. Des millions d'électeurs exercent leurs droits de

(1) Circulaire de M. de Persigny aux Préfets, 9 mai 1863.

citoyens sans que l'opinion publique ait à regretter une seule violence, une seule émeute.

Ne sont-ce pas là des symptômes encourageants et quel *âge d'or* rêvent donc nos hommes politiques, s'ils ne trouvent pas les circonstances favorables à l'extension de nos libertés ?

Invoquer le suffrage universel comme obstacle, ce serait manquer de mémoire et de gratitude, ce serait aussi et surtout manquer d'habileté, car c'est en France principalement que les ministres doivent s'inspirer de ces paroles de Napoléon III : « Surtout ne craignez pas le peuple, il est « plus conservateur que vous (1). »

VI

Lorsque nous parlons de réformes libérales, il ne faut pas croire que nous désirons une modification radicale de la Constitution. Les demandes du Tiers-Parti sont plus modestes et plus pratiques. Aussi, nous ne comprenons pas l'émotion qu'elles ont excitée dans le monde officiel.

« La passion fait sentir, mais jamais voir, » a dit Montesquieu. Quelques orateurs de la majorité, et l'honorable ministre d'État, ont prouvé la vérité de cette maxime, en combattant l'amendement du Tiers-Parti avec une ardeur qu'aurait seule expliquée l'approche d'une catastrophe.

Un vœu respectueusement exprimé au souverain qui a prononcé ces belles paroles: « Ma tâche sera de prendre constamment le sage progrès « de l'opinion publique pour mesure des améliorations, » n'a rien qui justifie l'émotion apportée dans les débats du 19 mars.

L'honorable M. Rouher a parlé d'abdication, d'appel au peuple :

« Il faut avoir plus de courage, a-t-il dit ; conseillez-lui d'imiter Char- « les-Quint, c'est plus digne de son nom, de son caractère, de sa gloire... « S'il (l'Empereur) consultait le peuple, si, cédant à je ne sais quelle « émotion, à quelle sollicitude de voir incessamment et à chaque session « son pouvoir contesté, il disait au peuple souverain : Jugez-moi ! oh !

(1) *Idées Napoléoniennes.*

« le peuple tout entier lui répondrait par la confirmation de ses pou-
« voirs ! »

Certes ! Et c'est parce que nous sommes convaincus que le peuple entier acclamerait de nouveau l'Empereur, que le peuple est pour lui et
avec lui, que nous concluons que la liberté est sans danger et qu'elle ne
doit pas être retardée.

D'ailleurs, pourquoi confondre deux choses que l'on peut séparer,
l'amour du prince et l'amour de la liberté. Êtes-vous donc de cette
vieille école d'hommes politiques dont vous racontez sans cesse l'histoire ;
et croyez-vous que ce que gagne la liberté soit perdu par l'autorité ? Faut-il
conclure, parce que le peuple admire et aime le souverain, qu'il renie les
principes pour lesquels il a combattu et souffert ?....

Si demain l'Empereur parcourait la France, si les populations l'ac-
cueillaient avec l'enthousiasme qu'il mérite et avec les plus éclatants témoi-
gnages de leur affection, seriez-vous donc aussi aveugles que les courtisans
de Charles X, penseriez-vous que la France renie la liberté, et conseille-
riez-vous au souverain de revenir en arrière ? Rappelez-vous le voyage
d'Alsace en 1828, et rappelez-vous que, pour s'être mépris sur les senti-
ments du peuple, les serviteurs de la branche aînée conseillèrent un coup
d'État qui devait faire disparaître la dynastie dans une révolution.

Les demandes du Tiers-Parti ne justifient pas, du reste, l'emploi d'aussi
grands mots : *Une abdication! un appel au peuple!* Qu'on nous permette
de le dire : si le pays était appelé à voter, non pas sur la confirmation
des pouvoirs de l'Empereur, que personne ne conteste, mais sur l'opportunité des réformes libérales, peut-être que la majorité des électeurs
n'adopterait pas les théories du ministre d'État.

La France accueillerait avec reconnaissance:

1° Un sénatus-consulte étendant les prérogatives des Chambres, char-
geant les ministres d'expliquer leurs actes ;

2° Des lois réglant la liberté de la presse, la liberté de réunion et d'association.

Ces réformes n'ont rien d'inconciliable avec l'empire. En effet, M. de
Persigny, un serviteur dévoué de l'Empereur, disait au Sénat : « Quant

« aux libertés accessoires, la liberté de la presse, la liberté d'association,
« le droit d'interpellation, en quoi les doctrines de l'empire les repous-
« sent-elles (1)? »

Ce sont ces libertés *accessoires,* mais indispensables à l'exercice des droits politiques, que l'opinion publique demande respectueusement à l'Empereur, comme complétant la Constitution qui *reconnaît, confirme et garantit les grands principes proclamés en* 1789 (2).

La plupart de ces principes sont, nous le reconnaissons, maintenus, confirmés et appliqués dans nos lois. Nous demandons seulement à l'administration une interprétation plus libérale, une pratique plus intelligente des principes reconnus (3).

Quant aux améliorations demandées, et que l'honorable M. Rouher trouve inutiles ou dangereuses, nous allons les examiner.

VII

Dans tous les pays modernes, les constitutions donnent aux mandataires de la nation :

(1) Discours du 14 février 1863.
(2) Ces principes sont au nombre de douze :
    1° La souveraineté de la nation et la séparation des pouvoirs ;
    2° Le vote de l'impôt par les représentants de la nation ;
    3° La responsabilité des agents du gouvernement ;
    4° L'égalité civile ;
    5° La sûreté et la liberté individuelles ;
    6° La liberté religieuse ;
    7° La liberté de la presse ;
    8° Le droit de réunion ;
    9° Le droit de pétition ;
    10° L'inviolabilité de la propriété ;
    11° L'indépendance et la gratuité de la justice ;
    12° Institution d'une force publique essentiellement obéissante.
(3) Ce ne sont pas seulement les lois qui protégent les citoyens, c'est aussi la manière dont elle sont exécutées, c'est la manière dont le gouvernement exerce le pouvoir.
    (NAPOLÉON III. — *De la liberté individuelle en Angleterre.*)

Un droit : — celui de voter l'impôt et les lois ;

Un devoir : — celui de faire connaître au souverain les vœux du pays (1).

Aux termes de la Constitution de 1852 (2), complétée par le décret du 24 novembre 1860, le Corps législatif possède ces deux attributions ; malheureusement il ne les pratique u'avec des restrictions fâcheuses.

1° Il ne peut amender les lois qn'avec l'assentiment du Conseil d'État, qui a la liberté absolue, non-seulement de repousser les amendements, mais d'empêcher aussi qu'ils soient soumis à la délibération, même lorsqu'ils ont été adoptés par la commission chargée d'examiner le projet (3) ;

2° Il n'exerce pas dans le vote du budget une action suffisamment efficace ; car si le Conseil d'État n'adopte pas ses modifications, il ne peut refuser le crédit qu'il désapprouve qu'en rejetant toute une section ;

3° Il ne peut interroger le Gouvernement sur la conduite des affaires du pays, que pendant la discussion de l'adresse et celle du budget.

Pour que le Corps législatif exerce ses attributions avec l'autorité nécessaire, il faut lui reconnaître :

Le droit d'amendement ;

Le droit de prescrire l'emploi des fonds ;

Le droit d'interpellation.

Droit d'amendement.

Les députés devraient avoir pour le vote des lois les mêmes prérogatives que les sénateurs pour le vote des sénatus-consultes (4).

Le droit d'amendement s'exerce au Sénat, sans qu'il soit nécessaire de l'assentiment de la commission et du Conseil d'État, et avec cette seule restriction que les amendements produits pendant la discussion doivent

---

(1) Trois gouvernements seulement méconnaissent ces principes en Europe : la Turquie, le Saint-Siége et la Russie.

(2) Art. 39.

(3) Art. 40 de la Constitution ; art. 58, 59, 60, 61 du décret du 3 février 1861.

(4) Art. 18 du décret du 3 février 1861.

être appuyés de cinq membres et communiqués aux commissaires du Gouvernement.

De 1830 à 1851, la présentation inopinée d'un amendement pouvait changer l'économie d'un projet de loi. Pour prévenir cet inconvénient, nous pouvons admettre la nécessité de l'approbation de la commission du Corps législatif, mais nous nous refusons à comprendre la prépondérance du Conseil d'Etat, qui ne représente que la volonté du Gouvernement.

Droit de prescrire l'emploi des fonds.

Les conditions dans lesquelles se vote le budget, restreignent le droit de contrôle du Corps législatif, et, en cas de dissentiment avec le Conseil d'Etat, lui rendent difficile la pratique de ses prérogatives.

Le budget des dépenses présenté au Corps législatif avec ses divisions en sections, chapitres et articles, est voté par section (1).

Des décrets impériaux, rendus en Conseil d'Etat, règlent la répartition des crédits alloués pour chaque section (elles sont au nombre de 66) et autorisent au besoin des virements d'un chapitre à un autre dans le budget de chaque ministère.

De 1852 à 1861, le budget se votait par ministère (2), ce qui gênait la liberté d'appréciation du Corps législatif dont les réclamations ont amené le sénatus-consulte de 1861.

Les inconvénients signalés n'ont pas disparu, ainsi que le prouve la citation suivante :

« Le Gouvernement continue à se mouvoir librement dans les limites « des crédits affectés à chaque ministère, puisqu'il peut autoriser les vire- « ments entre tous les chapitres d'un même ministère.

« *La spécialité des ministères* reste donc en vigueur, nonobstant l'in- « troduction du vote par section, au lieu du vote par ministère. Ce chan- « gement n'a eu d'autre but que de donner au Corps législatif une action

---

(1) Art. 12 du sénatus-consulte du 31 décembre 1861.
(2) Art. 12 du sénatus-consulte du 25 décembre 1852.

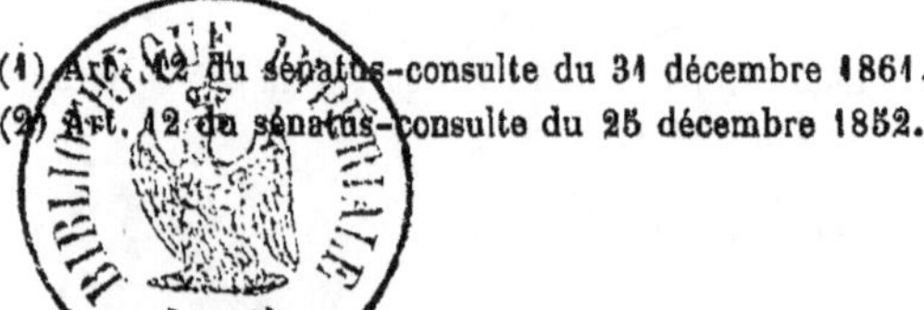

« plus efficace sur les finances publiques, en lui permettant de rejeter un
« crédit qui lui déplairait, sans être obligé de rejeter le crédit total d'un
« ministère (1). »

C'est une illusion que de penser que la tâche des députés est facilitée
par ce nouveau système.

En cas de désaccord avec le Conseil d'Etat, le Corps législatif n'éprouve
pas moins d'embarras à rejeter des sections aussi importantes par exemple
que la 3e du ministère de la Guerre, qui est de 271,551,478 fr. (2);
la 2e du ministère de la Justice, 27,404,260 fr. (3); la 3e du ministère de
l'Instruction publique (4), qu'à rejeter un ministère tout entier. Dans l'un
ou l'autre cas, le rejet aurait pour résultat de désorganiser un grand service public et de placer le Gouvernement dans l'alternative fâcheuse,
ou de céder après un éclat regrettable, ou de dissoudre la Chambre.

Sans revenir à la spécialité des *Chapitres législatifs* réglée par la loi
des comptes du 29 janvier 1831 (art. 11 et 12), nous croyons que, pour
accorder au Corps législatif l'influence qu'il doit avoir en matière de
finances, il faut :

1o Augmenter dans de grandes proportions le nombre des sections;

(1) CABANTOUS, *Traité de droit public et administratif.*
(2) La 3e section du ministère de la Guerre s'élève à 271,551,478 fr. et comprend : Solde et prestation en nature. — Habillement et campement. — Lits
militaires. — Transports généraux. — Recrutement et réserve. — Justice militaire. — Remonte générale. — Harnachement.
(3) La 2e section du ministère de la Justice (Cours et tribunaux) s'élève à
27,404,260 fr. Le budget total du ministère est de 33,073,710 fr.
(4) La 3e section de l'Instruction publique, sur un budget total de 19,918,121 fr.
s'élève à 7,493,071 fr., et comprend : École normale supérieure. — Facultés. —
Bibliothèques de l'Université. — Encouragement aux membres du corps ensei-
gnant et souscriptions aux ouvrages classiques. — Institut impérial de France.
— Académie de médecine. — Collège de France. — Muséum d'histoire natu-
relle. — Établissements astronomiques. — Écoles des langues orientales vivantes.
— Bibliothèque et musée d'Alger. — École des Chartes. — École d'Athènes. —
Bibliothèque impériale. — Dépenses ordinaires. — Confection des catalogues.
— Bibliothèques publiques. — Sociétés savantes. — Subvention au *Journal des
Savants.* — Souscriptions scientifiques et littéraires. — Encouragements aux sa-
vants et gens de lettres. — Voyages et missions scientifiques. — Recueils et pu-
blications de documents inédits de l'histoire de France.

2º Restreindre aux chapitres d'une même section le droit de virement qui permet aujourd'hui de modifier l'économie du budget au lendemain du vote législalif.

Droit d'interpellation.

Après le vote des lois et de l'impôt, le Corps législatif a une mission d'un ordre non moins élevé, non moins utile, celle de faire connaître au souverain l'opinion publique, et de contribuer par ses avis et ses conseils à la conduite des affaires du pays.

Dans les discussions relatives au vote de l'adresse et du budget, le Corps législatif trouve une occasion de traiter toutes les questions de politique et d'administration. Ces discussions, nous l'avouons, sont approfondies et complètes. Mais en dehors d'elles, les députés n'ayant aucune autre occasion d'aborder la politique générale, sont exposés à traiter les questions, ou prématurément, à l'occasion de l'adresse, ou trop tard, lors du vote du budget.

La restitution du droit d'interpellation permettrait aux représentants de la nation d'intervenir, autrement que pour exprimer une approbation inutile, ou des regrets stériles.

Cette année, la question du Mexique n'a pu être traitée au moment de l'adresse et il faudra, pour que la Chambre intervienne, que le gouvernement lui-même provoque des explications. Il le fera très-loyalement, nous en sommes certain, mais y aurait-il des inconvénients à ce que la question fût posée par interpellation?

L'opinion publique se préoccupe aussi et avec raison, des incidents belliqueux qui, depuis le vote de la loi du contingent, se sont produits au-delà du Rhin et des Alpes.

Le Corps législatif pourrait soulever une discussion utile qui servirait à calmer les craintes exagérées, ou à provoquer l'adoption des mesures nécessaires. Ces questions, les députés auront assurément la possibilité de les traiter... Seulement ce sera lors de l'examen du budget, c'est-à-dire trop tard peut-être.

Le droit d'interpellation n'est donc pas une prérogative aussi inutile que l'assure l'honorable M. Rouher, qui prétend que la session est une *interpellation continue* (1). Interpeller n'est rien. Pouvoir le faire à temps, voilà la garantie précieuse et le droit désirable.

Ce droit serait, du reste, réglementé dans la pratique. Toute demande d'interpellation pourrait être signée de cinq membres et soumise à la Chambre qui déciderait, après avoir entendu sommairement les commissaires du gouvernement, si l'interpellation doit avoir lieu.

De cette manière disparaîtraient les objections présentées par les orateurs officiels, qui, par une tactique qui leur est familière, ont insisté dans la dernière session sur la multiplicité des interpellations qui troublaient les Chambres à d'autres époques. C'est confondre dans une même et injuste réprobation l'*usage* et l'*abus*.

VIII

La participation plus directe des Chambres à la politique générale du gouvernement (2) implique l'envoi des ministres à portefeuille devant le Sénat et le Corps législatif.

L'intervention du Conseil d'État dans les débats législatifs, tradition du premier empire, heureusement appliquée dans notre Constitution, n'est vraiment utile que renfermée dans l'explication des lois.

Les conseillers d'État, administrateurs ou jurisconsultes distingués, discutent avec autorité lorsqu'il s'agit des lois qu'ils ont rédigées en modifiant quelquefois du tout au tout les projets ministériels. Ils cessent d'être dans leur rôle lorsqu'ils sont chargés de traiter les questions de politique intérieure ou extérieure, qu'ils connaissent seulement par les documents que le gouvernement leur remet et qu'ils ne sauraient exposer que d'après les instructions ministérielles.

Aussi, lorsque la discussion amène des incidents imprévus, les commis-

(1) Discours du 19 mars 1866.
(2) Préambule du décret du 29 novembre 1860.

saires du gouvernement n'interviennent pas immédiatement (comme cette année, dans la question du Sleswig-Holstein), ou ne peuvent opposer que de brillantes généralités à des faits articulés avec une minutieuse précision.

Le gouvernement est représenté, il est vrai, par des ministres qui ont une connaissance réelle et quotidienne de la politique générale, mais qui ne sauraient connaître tous les détails de l'administration d'un pays tel que la France.

Dans un chapitre de ses œuvres, l'empereur Napoléon III a raillé avec son incisif bon sens la condition malheureuse des hommes d'État parlementaires, forcés d'être tour à tour, suivant les circonstances, ministre des Finances, de la Marine ou des Travaux publics.

De nos jours, le ministre d'État et le président du Conseil d'État ont une mission autrement difficile, car ce n'est pas successivement, c'est en même temps qu'ils doivent s'occuper de tous les ministères, de façon à être en mesure de parler de l'administration militaire comme le ministre de la Guerre, des négociations diplomatiques comme le ministre des Affaires étrangères.

Une telle tâche serait au-dessus des forces humaines; aussi les ministres orateurs, outre les conseillers d'État, ont pour adjoints les secrétaires généraux des ministères.

Pourquoi refuserait-on de laisser les ministres prendre part, chacun en ce qui le concerne, aux discussions de l'adresse et du budget, et répondre aux interpellations, puisque par l'envoi de leurs principaux collaborateurs on a reconnu que l'explication des affaires n'était possible qu'à ceux qui les faisaient.

La première objection est que les ministres pourraient ne pas être orateurs. M. Rouher a prétendu qu'un homme politique, excellant dans la conduite des affaires, serait peut-être trop timide pour prendre la parole devant les Chambres.

Nous ne croyons pas qu'un ministre qui discute les affaires de son département devant le souverain en son conseil et devant le Conseil d'État, puisse être paralysé par sa timidité, au point de ne pouvoir donner un renseignement, répondre à une interpellation. Un tel homme d'État serait assurément une exception, et ce n'est pas en vue des exceptions que sont fondées les institutions d'un pays.

Du reste, nous ne demandons pas de longs discours aux ministres. Il suffit qu'ils prennent part aux débats, et que, par leur présence, ils donnent une autorité morale à leurs secrétaires-généraux et à leurs directeurs, qui continueraient à intervenir dans les discussions législatives. Nous serions les premiers à regretter que M. Dupuy de Lôme cessât de parler de constructions navales; M. Vandal, des postes; M. de Franqueville, des chemins de fer.

On objecte surtout que l'envoi des ministres devant les Chambres serait contraire à la Constitution.

Sans doute cette réforme ne peut être accomplie que par un sénatus-consulte qui, à l'article 44 de la Constitution (1), ajouterait les dispositions de l'article 69 de la Constitution de 1849 (2). Cette modification donnerait aux ministres le droit d'être entendus dans les Chambres et de se faire assister par des commissaires nommés par l'Empereur. Ce progrès n'aurait rien d'inconciliable avec l'esprit de nos institutions et la participation des MINISTRES A PORTEFEUILLE aux débats législatifs, ne serait pas plus inconstitutionnelle que ne l'était celle des MINISTRES SANS PORTEFEUILLE, ou que ne l'est aujourd'hui celle du ministre d'État et du président du Conseil d'État.

Il faut se défier de cette banale accusation qui fait de toute réforme une atteinte à la Constitution.

Notre Constitution ayant été déclarée perfectible par son illustre auteur, toute demande de modification est permise et légale, si elle est présentée avec convenance, respect et loyauté.

Soutenir la thèse opposée serait méconnaître l'esprit de sage pré-

---

(1) ART. 44. Les ministres ne peuvent être membres du Corps législatif.

(2) ART. 69. Les ministres ont entrée dans le sein de l'Assemblée nationale : ils sont entendus toutes les fois qu'ils le désirent et peuvent se faire assister par des commissaires nommés par décret du Président de la République.

voyance qui a inspiré l'Empereur, et détruire une garantie précieuse pour l'avenir.

Il n'y a, selon nous, que les bases fondamentales soumises au suffrage populaire qui ne sauraient être discutées, puisqu'elles ne peuvent être modifiées que par un plébiciste, que l'initiative d'un simple citoyen ne peut provoquer.

Ces bases nous les respectons toutes (1).

En effet, nous maintenons le principe de la responsabilité de l'Empereur, comme un hommage à la souveraineté nationale et à la vérité historique; nous conservons l'intervention du Conseil d'État dans la discussion des lois; enfin nous ne demandons pas que les ministres cessent de dépendre du pouvoir exécutif seul.

L'envoi des ministres devant les Chambres aurait, à nos yeux, le grand avantage de dégager dans une mesure raisonnable la personnalité du chef de l'État qu'il y a intérêt à maintenir au-dessus des petites questions et du conflit des passions, et à n'engager que dans les résolutions qui importent à l'honneur de la France.

Ce résultat peut être atteint sans rétablir la RESPONSABILITÉ MINISTÉRIELLE du régime parlementaire et cette solidarité des membres d'un cabinet, qui avait pour conséquence absurde de rendre un excellent ministre des Finances, responsable des erreurs d'un ministre des Travaux publics.

Ce que nous désirons, c'est que les ministres s'expliquent devant les Chambres sur les actes qui engagent cette responsabilité que leur reconnaît M. Rouher, et qui est dans la logique des choses, car l'Empereur ne peut être responsable, ni de l'attitude provocante d'un ministre d'État (2),

---

(1) Ces cinq bases sont : 1º la responsabilité du chef de l'État; 2º des ministres dépendant du pouvoir exécutif seul; 3º un Conseil d'État préparant les lois et en soutenant la discussion devant le Corps législatif; 4º un Corps législatif discutant et votant les lois; 5º une seconde assemblée, pouvoir pondérateur, gardien du pacte fondamental et des libertés publiques.

(2) Nous n'avons pas besoin de faire remarquer que c'est une simple hypothèse : les orateurs officiels ont toujours su éviter les mots malheureux et les interruptions passionnées.

ni de la négligence d'un ministre de la Marine à sauvegarder la santé de nos soldats au retour des expéditions lointaines.

En vain objecterait-on que l'Empereur saurait se séparer d'un ministre maladroit ou impopulaire. Sans un débat contradictoire, le souverain ignorera la vérité, et le ministre, maître des avenues du pouvoir, pourra invoquer pour sa justification des arguments qui paraîtront suffisants, parce qu'ils seront sans réplique, ou taxer les accusations de manœuvres de parti.

L'honorable ministre d'État qui, comme M. de Persigny, est partisan de la séparation absolue des représentants supérieurs du pouvoir exécutif et du pouvoir électif, trouve inutile le contrôle des Chambres dans les questions ministérielles.

Le monde officiel s'abandonnerait à de naïves illusions, s'il croyait que les ministres, tenus aujourd'hui à l'écart des Chambres, peuvent exercer leur autorité sans le concours des représentants du pays.

Le contraire est évident.

M. Fould n'aurait pas gardé son portefeuille, si la conversion des rentes eût été rejetée par les Chambres.

Si un ministre de l'Intérieur, épris de la théorie de M. de Persigny, voulait choisir tous les maires en dehors des conseils municipaux, le Corps législatif n'aurait qu'à rejeter le budget de son ministère pour que le souverain dût se séparer d'un conseiller incompris, ou dissoudre une Chambre rétive aux idées ministérielles.

Les combinaisons les plus ingénieuses ne peuvent, *en fait*, sinon *en droit*, empêcher ce résultat, qui n'a rien d'effrayant, car il ne faut pas croire que le contact des ministres et des Chambres soit la cause de la chute des gouvernements.

IX

La représentation nationale, en faisant connaître au gouvernement l'opinion publique, en l'éclairant sur les dangers de l'impopularité de la politique adoptée dans ses conseils, exerce une attribution non moins utile au souverain dont elle sauvegarde le pouvoir, qu'au pays auquel elle épargne les horreurs et les déceptions des commotions civiles.

Mais, pour que les députés remplissent dans l'intérêt général ce devoir d'avertissement et de conseil, il ne suffit pas que leurs prérogatives soient augmentées, que leurs rapports avec le pouvoir soient rendus plus faciles, il faut aussi qu'ils soient en communication constante avec la nation.

Ce résultat n'est possible que si, à côté des libertés législatives, les lois du pays reconnaissent et garantissent aux citoyens le moyen de faire connaître leurs opinions par la liberté de la presse, car « une assemblée nationale sans la liberté de la presse ne sera jamais qu'une représentation infidèle (1); » et par le droit de réunion et d'association, qui est la « base fondamentale d'un gouvernement représentatif (2). »

Les partisans du *statu quo* ne peuvent invoquer contre ces libertés le respect dû à la Constitution, et la seule question qui se puisse débattre entre nous est la question d'opportunité et non de principe.

X

La liberté de la presse est, de toutes les conquêtes de 1789, la plus désirée et la plus redoutée.

Nous entendons parler surtout de la presse périodique, car les orateurs officiels veulent établir de subtiles distinctions entre la publication des livres qui serait seule soumise aux principes de 1789, et la publication des journaux qui serait régie par une législation spéciale, sous le prétexte que la presse périodique n'avait pas acquis à cette époque l'importance qu'elle a de nos jours.

Cet argument pèche par la base : ce n'est pas la lettre, mais l'esprit de la loi qui doit inspirer les hommes politiques sérieux, et assurément les législateurs de 1791 seraient fort étonnés d'apprendre qu'en garantissant

(1) M. de Malesherbes.
(2) NAPOLÉON III, *Progrès du Pas-de-Calais*, 1843.

à tout homme, comme droit naturel et civil, la liberté d'écrire, d'imprimer et publier ses pensées, sauf à répondre de l'abus de cette liberté dans les cas déterminés par les lois, ils n'avaient pas garanti le mode de manifestation le plus facile et le plus utile de la pensée humaine.

Personne n'ignore en France les excès à craindre. La presse ne peut échapper aux lois des choses humaines ; elle ne peut pas être un instrument de civilisation, de morale et de progrès, sans que les passions n'y mêlent de grands abus. « Le public voudrait avoir les services qu'elle lui
« rend et les plaisirs qu'elle lui procure, sans en courir les risques et en
« supporter les fautes. C'est une vaine et utopique prétention : le bien et
« le mal se mêlent dans toutes les institutions et toutes les forces de ce
« monde; on n'en recueille pas les fruits sans en accepter les charges, on
« n'en profite pas, sans en souffrir (1). »

Pour parer à ces défauts, faut-il la placer sous un joug de fer, lui ôter cette liberté qui seule fait sa vie, la tuer, en un mot, sans lui tenir compte de ses immenses bienfaits?

Tous les esprits élevés qui se sont occupés de cette liberté, ont tous conclu, après avoir pesé le pour et le contre, que la somme du bien l'emportait sur celle du mal, car, suivant M. de Tocqueville : « Si le progrès est difficile avec elle, il est impossible sans elle. »

Sans abuser des citations de tous les auteurs, nous exprimerons notre opinion en empruntant l'argumentation à un homme dont on ne saurait suspecter le dévouement aux idées monarchiques, puisqu'il a eu l'honneur d'être un des défenseurs du roi Louis XVI, et de mourir sur l'échafaud pour cette royauté qui n'avait pas toujours écouté ses conseils (2).

« La discussion publique des opinions, écrit M. de Malesherbes, est
« un moyen sûr de faire éclore la vérité, et c'est peut-être le seul.
« Ainsi, toutes les fois que le gouvernement a sincèrement le noble projet
« de faire connaître la vérité, il n'a d'autre parti à prendre que de per-

(1). M. Guizot.
(2) Nous nous sommes inspiré de l'étude publiée sous ce titre : *M. de Malesherbes et la liberté de la presse,* par un des plus intelligents magistrats de la Cour de Paris, M. Oscar de Vallée.

« mettre à tout le monde la discussion sans aucune réserve, par conséquent
« d'établir la liberté de la presse...

« ... Il reste à savoir si cette liberté d'écrire n'a pas de si grands incon-
« vénients que, malgré les avantages qu'elle présente, il faille la limiter.
« Les partisans de la liberté diront sans doute que ceux qui sont si
« frappés de ces inconvénients, sont ceux mêmes qui ont grand intérêt à
« ce que bien des vérités ne soient pas connues : par exemple. les admi-
« nistrateurs de l'État, qui ont toujours eu une grande aversion pour les
« discussions qui pourraient soumettre leur conduite à la censure
« publique...

« ... On craint de décrier le gouvernement, comme si, dans l'état actuel,
« il n'était pas toujours blâmé, quelque opération qu'il fasse, ou quelque
« parti qu'il prenne, parce que ceux qui s'en plaignent parlent très-
« haut, et que les indifférents ne sont pas assez instruits pour
« prendre le parti des ministres lorsqu'ils ont raison. M. Colbert a été
« détesté pendant sa vie et insulté après sa mort, quoiqu'il ne fût pas
« permis d'écrire contre lui. Que serait-il arrivé de pis, si la presse avait
« été libre? N'est-on pas fondé à croire, au contraire, que si le public
« eût été mieux instruit, une administration telle que celle de M. Colbert
« aurait trouvé des partisans, comme des détracteurs, et que les senti-
« ments auraient été partagés?...

« ... Ce qu'il importe au public, c'est que le vrai soit connu; il le
« sera toujours, quand on permettra d'écrire, il ne le sera jamais sans
« cela. »

Ces paroles, écrites de 1750 à 1788, n'ont rien perdu aujourd'hui de
leur force et de leur vérité, et, sans prolonger la discussion sur les inconvénients et les avantages de la liberté de la presse, nous conclurons par
ces paroles d'un écrivain dont le gouvernement ne peut nier l'esprit élevé
et le sens politique : « La liberté est un vain mot, si l'on ne peut
« exprimer par écrit ses pensées et ses opinions (1). »

(1) NAPOLÉON III, *Considérations sur la Suisse.*

XI

Nous savons que la liberté d'écrire inspire des craintes exagérées plus ou moins sincères. Elle a été accusée d'être la cause de la chute de la restauration et de la monarchie de Juillet, qui, nous l'avons dit, étaient pour d'autres motifs condamnées à périr.

La presse n'est pas cet instrument d'agitation et de mort que Grégoire XVI, dans son Encyclique du 15 août 1832, appelait « une exé-« crable chose, dont on ne saurait jamais avoir assez d'horreur (1). » Son malheur est de n'avoir jamais été pratiquée dans des circonstances favorables. Proclamée au lendemain de crises sociales et politiques, de désastres nationaux et de révolutions, elle ne pouvait s'établir de façon durable. Comment, en effet, la libre discussion se serait-elle exercée sans péril pour l'ordre, sans commettre des excès provoquant des réactions, alors que l'autorité n'avait point affermi son pouvoir, que les esprits ne s'étaient pas apaisés, que se débattaient encore les questions irritantes?

Aujourd'hui, la situation est favorable à une expérience décisive et sans danger. Le calme règne à l'intérieur, et les institutions impériales se sont assez hautement affirmées pour que les chefs des partis contraires aient pu leur prêter serment. Il appartient à un prince aussi haut placé dans l'estime et dans l'amour du peuple que l'Empereur, d'amener la France à l'usage de cette liberté de la presse qui, malgré ses abus, est l'indispensable attribut d'une société puissante et libre.

XII

Nous n'entendons pas, en parlant de la liberté de la presse, parler de cette liberté illimitée dont un éminent publiciste s'est fait le défenseur. Nous voulons seulement que les crimes ou délits commis par la presse ne soient définis, réprimés et punis, que par la loi. L'intervention de la

---

(1) Nunquam satis execranda et detestabilis libertas artis librœriœ.

magistrature peut seule « préserver la liberté de la presse des deux excès « qui la compromettent toujours, l'arbitraire et sa propre licence (1). »

Le décret de 1852 n'a évidemment tenu compte que d'une de ces nécessités, et, pour interdire toute licence à la presse, il a établi un système qu'un des ministres de l'Intérieur a pu qualifier de *discrétionnaire*.

Les dispositions de ce décret sont d'une simplicité draconienne.

Un journal ne peut être fondé qu'avec l'assentiment du gouvernement, après versement d'un cautionnement. Un décret impérial peut le supprimer du jour au lendemain. Le ministre de l'Intérieur a le droit de lui infliger des avertissements et de suspendre sa publication après deux avertissements, donnés quelquefois coup sur coup (comme au journal la *Presse*).

Nous ne nions pas que les circonstances n'aient pu justifier, il y a quatorze ans, l'établissement de cette législation exceptionnelle, nous croyons seulement que la situation permet aujourd'hui de renoncer à une loi d'exception et de revenir au droit commun.

Les orateurs officiels ne discutent pas cette opinion. Ils refusent d'affranchir les journaux en racontant les excès de la presse périodique ; mais ils ne veulent pas sérieusement examiner avec nous, et c'est là toute la question, si, rétablie aujourd'hui dans un moment de calme et d'apaisement, la liberté d'écrire présenterait les mêmes inconvénients et les mêmes dangers.

Nous concédons que le gouvernement a usé avec une modération relative de ses droits, mais en quoi ce fait intéresse-t-il le principe ?

En 1810, Napoléon Ier manifestait son mécontentement de ce que l'on n'avait pas fait de lois sur la presse. « La presse, disait-il au Conseil « d'État, la presse, que l'on prétend libre, est dans l'esclavage le plus « absolu ; la police cartonne, supprime comme elle veut les ouvrages, « et même ce n'est pas le ministre qui juge, il est obligé de s'en rapporter à ses bureaux. Rien de plus irrégulier, rien de plus arbitraire « que ce régime. » Et il ajoutait : « Je ne veux pas que ce pouvoir reste « à mes successeurs, parce qu'ils pourraient en abuser (2). »

(1) Napoléon III, *Manifeste*.
(3) *Idées Napoléoniennes*, page 108.

Nous aussi, nous regretterions que le pouvoir exercé sur la presse depuis 1852, pût passer à des ministres qui n'auraient pas l'impartialité et la modération nécessaires, et qui ne seraient pas contenus par un prince aussi éclairé que l'Empereur.

La presse périodique est soumise à un régime discrétionnaire; en bon français, cela veut dire arbitraire.

Le recueil des avertissements donnés prouvé en effet que la répression administrative n'a pas toujours eu cette unité de vues indispensable à un pouvoir qui juge et qui punit, et, par une singulière exagération de ses droits, le ministère de l'Intérieur en est venu à prétendre donner à des actes purement administratifs le caractère indiscutable de la chose jugée.

Cette prétention n'est pas soutenable.

Les ministres passent, les mauvais systèmes s'usent, et ce qui est vérité aujourd'hui pour M. de Lavalette, sera peut-être condamné plus tard par d'autres ministres et par une autre administration.

La magistrature qui est inamovible et placée en dehors des excitations politiques, peut seule être immuable dans ses principes, invariable dans son impartialité ; et c'est pour cela que nous demandons énergiquement qu'en matière de presse, comme en toute autre matière, les citoyens ne subissent que l'application des lois prononcée par les tribunaux.

En donnant aux tribunaux le droit enlevé à l'administration de réprimer les écarts de la presse périodique, nous n'entendons pas réclamer une juridiction spéciale.

Nous séparant en cela de beaucoup de nos amis, nous ne voyons pas la nécessité de l'intervention du jury. En effet, pourquoi, dans notre société d'égalité, une législation privilégiée en faveur des écrivains ?

Le droit commun suffit selon nous à garantir les immunités de la pensée écrite. La thèse contraire à la nôtre peut séduire en théorie, mais elle ne résiste pas à un examen impartial, car tout ce qui est exception est condamné par le bon sens.

Un citoyen qui, par ses paroles, dans un lieu public, attaquerait le gouvernement ou outragerait un fonctionnaire, serait traduit devant la police correctionnelle, et personne assurément ne le croirait soustrait à ses juges naturels. Pourquoi le journaliste aurait-il le privilége d'une autre juridiction ? Serait-ce parce qu'il a été maître de peser davantage ses expressions, ou parce que ses attaques et ses outrages ont eu plus de publicité et de retentissement.

L'attribution aux cours d'assises de tout ce qui serait qualifié crime, aux tribunaux correctionnels de tout ce qui est délit, voilà les bases d'une loi sur la presse conforme aux principes de 1789.

L'administration ne conserverait que le droit de rectifier par des *communiqués* les assertions erronées.

Ce droit de réponse et de défense que possèdent en partie les simples citoyens serait reconnu au gouvernement sans aucune restriction et le refus seul d'une insertion entraînerait de plein droit la suppression du journal.

La nouvelle loi sur la presse supprimerait l'autorisation préalable nécessaire pour fonder un journal.

Quant au cautionnement, les uns, et nous avouons nos sympathies pour cette manière de voir, partagent l'opinion exprimée par Napoléon III et en demandent l'abolition (1).

D'autres, se rappelant les excès de 1848 et la fondation des journaux comme le *Père Duchesne* et la *Canaille*, voudraient conserver le cautionnement comme garantie que la fondation d'un journal serait une entreprise sérieuse.

La nécessité de l'autorisation n'existant plus, le versement d'un cautionnement ne serait pas un obstacle à la libre discussion, car une opinion sérieuse réunira toujours les fonds nécessaires.

Enfin, cette législation pourrait donner au gouvernement la faculté de suspendre les garanties de la presse, dans le cas d'un grand danger public, tel qu'une guerre étrangère ou des troubles civils.

La sagesse de ces dispositions ne peut faire doute dans l'esprit de personne. L'histoire de tous les peuples offre des moments de crise où le salut de l'empire est la loi suprême. L'Italie en 1859, les Etats-Unis

(1) Le cautionnement pour les feuilles périodiques est aboli. (*Réformes nécessaires*, 1843.)

pendant la guerre de la sécession, n'ont pas hésité à conférer à leurs gouvernements des pouvoirs dictatoriaux et à faire le sacrifice momentané de quelques libertés, pour assurer le triomphe de la patrie.

XIII

La liberté de réunion et d'association que nous réclamons est un complément nécessaire de nos institutions.

Reconnue par la Constitution de 1791, qui accordait aux citoyens « le « droit de s'assembler paisiblement et sans armes, » elle n'est l'objet d'aucune disposition dans la Constitution de 1852. Fort de cette omission, on voudrait équivoquer sur les dates et prétendre que cette liberté n'est pas garantie à la France, comme n'étant pas explicitement comprise dans les principes de 1789, qui ne sont cependant que le préambule de la Constitution de 1791.

Si on le désire, nous ferons abstraction de l'histoire, mais alors nous demanderons pourquoi notre pays serait privé de droits politiques reconnus et pratiqués chez toutes les nations libres, en Angleterre, en Belgique, en Suisse, en Italie, en Allemagne, aux États-Unis, etc.

Aujourd'hui, d'après le décret organique du 25 mars 1852, combiné avec l'art. 291 du Code pénal, ainsi qu'avec la loi du 18 avril 1834, sont interdites : 1° les sociétés secrètes et politiques; 2° les associations de toute nature, sauf autorisation préalable; 3° toutes les réunions de plus de vingt personnes, de quelque nature qu'elles soient, sauf l'agrément du gouvernement et sous les conditions qu'il platt à l'autorité de prescrire.

Nous pensons que la situation politique permet d'apporter, non-seulement dans la *pratique*, mais aussi en *droit*, des modifications à cette législation, et qu'il y a de grands progrès à réaliser, sans même demander tout ce que le prince Louis-Napoléon croyait, en 1843, indispensable à l'exercice du gouvernement représentatif.

Après avoir fait ressortir par la comparaison des institutions anglaises

et des nôtres les avantages de cette liberté (1), il s'exprimait ainsi : « Ne
« devons-nous pas rougir en songeant que, même l'Irlande, la malheu-
« reuse Irlande, jouit sous certains rapports de plus grandes libertés que
« la France de Juillet ?

« Ici, par exemple, vingt personnes ne peuvent se réunir sans l'autori-
« sation de la police, tandis que dans la patrie d'O'Connell, des milliers
« d'hommes se rassemblent, discutent leurs intérêts, menacent les fonde-
« ments de l'empire britannique, sans qu'un ministre ose violer la loi
« qui protége le droit d'association. Répétons-le donc, en terminant, la
« France n'est pas constituée selon ses mœurs, ses intérêts, ses besoins ;
« ni le pouvoir, ni la liberté ne sont solidement constitués. »

Pour nous, nous ne désirons pas que l'application des principes libé-
raux puisse aller jusqu'à compromettre la paix intérieure et nous serions
le premier à donner au gouvernement le droit de suspendre la liberté de
réunion et d'association, dans les mêmes circonstances que nous autori-
serions la suspension de la liberté de la presse. Le maintien de l'ordre est
une nécessité qui s'impose à tous les gouvernements, et, en Angleterre
même, le ministère n'a pas hésité à restreindre d'urgence les prérogatives
constitutionnelles dont jouissait l'Irlande dès que l'agitation provoquée
par les fénians a semblé menacer les institutions du pays.

L'Empereur, dans le discours prononcé à l'ouverture de la session législative, a promis que l'administration faciliterait la pratique du droit de
réunion et d'association, et le ministre de l'Intérieur, obéissant aux inspi-
rations du souverain, a prescrit une interprétation plus libérale des lois
sur la matière.

---

(1) « En Angleterre, la plupart des questions importantes avant d'être portées
« au Parlement, ont été approfondies et discutées dans une foule de réunions
« publiques ou privées, qui sont comme autant de rouages qui épluchent, broient
« et pétrissent la matière politique avant qu'elle ne passe sous le grand laminoir
« parlementaire.
« En France, au contraire, le député qui arrive à la Chambre, n'a entendu
« de controverse politique que dans son journal, et les occasions lui manquent
« pour approfondir l'opinion et pour s'exercer dans des luttes préparatoires à la
« grande lutte de la tribune. » (*Progrès du Pas-de-Calais*, 18 sept. 1843.)

Nous sommes profondément reconnaissant de l'initiative intelligente prise par le souverain, mais nous croyons à la nécessité d'une mesure plus radicale et à la réforme, non-seulement des errements administratifs, mais de la loi elle-même.

Nous comprenons que le gouvernement maintienne la prohibition absolue des sociétés secrètes, et qu'il soumette les associations non industrielles, commerciales ou de bienfaisance, à la formalité de l'autorisation.

Sauf ces restrictions, nous pensons qu'il est indispensable que la loi permette les associations :

1° Comme conséquence de la liberté du commerce; car il est pénible de constater qu'en France, où le gouvernement veut établir la législation commerciale de l'Angleterre, les citoyens ne peuvent se réunir pour la discussion et la défense de leurs intérêts communs d'ordre économique.

Nous avons vu le gouvernement interdire la réunion des viticulteurs du Mâconnais et de la Gironde, hommes parfaitement honorables, qui ne pouvaient assurément être soupçonnés d'arrière-pensée politique.

2° Comme complément de la loi des coalitions; car il est illogique qu'au droit de refuser leur travail, les ouvriers ne joignent pas celui de se réunir et de s'entendre pour arrêter les conditions de la reprise de leurs travaux ou pour diminuer les souffrances de leur chômage.

La tolérance administrative aurait ce singulier résultat de passionner les esprits, car, par son refus ou par son autorisation, l'autorité semblera prendre parti dans les discussions économiques et protéger dans le premier cas, soit les producteurs, soit les consommateurs; dans le second cas, soit les patrons, soit les ouvriers.

Dans l'ordre politique, la nécessité de l'autorisation préalable créerait également des difficultés à l'administration et l'exposerait au reproche de partialité. Aussi, nous croyons nécessaire qu'une loi reconnaisse :

1° Le droit de réunion pendant la période électorale; car le contact des candidats et des électeurs est indispensable à assurer la vérité des élections, les citoyens ne pouvant choisir leurs mandataires sans les connaître et sur la seule présentation des préfets;

2° Le droit de former des comités de patronage dans l'intérêt des candidats. Ces comités ne pourront jamais, s'ils bornent leur action à la durée de la période électorale et à l'étendue d'un même département, être assimilés à des associations ou à des réunions illégales.

Il est chimérique de craindre avec M. Baroche, « que ce droit n'amène « des agglomérations de vingt à trente mille personnes se battant, non « comme en Angleterre, à coups de poings et à coups de bâtons, mais « avec des armes plus dangereuses et plus funestes (1). »

Nous répondrons, sans remonter plus haut que 1848, que l'élection du prince Louis-Napoléon n'a entraîné ni émeutes, ni massacres, bien que les partisans du général Cavaignac fussent au pouvoir, et que ceux du prince jouissent de la liberté de la presse et de la liberté de réunion et d'association. « Est-ce que ce n'est pas, au contraire, l'honneur de l'élec- « tion du dix décembre, écrit M. de Girardin, d'avoir eu lieu sans baïon- « nettes, sans état de siége, en toute liberté de presse, en toute liberté « de réunion? L'élection du dix décembre s'est accomplie dans le calme le « plus exemplaire et avec une sagesse que la liberté anglaise n'a jamais « égalée ni dans ses *meetings*, ni dans ses *hustings*. »

Les résultats de cette expérience faite dans un moment d'agitation profonde, d'effervescence générale, est un argument que nous invoquons en revendiquant des libertés que les gouvernements antérieurs ont pu redouter, mais que l'empire, issu du suffrage universel, doit donner, pour constituer, suivant l'expression de l'Empereur, *la France, selon ses mœurs, ses intérêts et ses besoins.*

XIV

L'accomplissement des réformes que nous venons d'examiner satisferait dans une juste mesure, les aspirations libérales du moment, et ferait disparaître le malaise dont souffre le pays qui a la conscience que nos

(1) Discussion de l'adresse, 1863.

institutions n'ont pas encore atteint leur forme définitive. Nous n'avons pas le *gouvernement personnel* : nous n'avons du régime représentatif que les dangers sans en avoir les avantages.

La prépondérance absolue exercée dans les conseils de la couronne par un ministre qui devient la personnification de la politique du gouvernement, qui, s'il est impopulaire, fait partager son impopularité au prince; qui, s'il tombe, entraîne dans sa chute la dynastie qu'il a servie; voilà les dangers du régime parlementaire.

Ont-ils disparu de notre organisation publique? Non certes, car le ministre d'État, qui partage déjà la haute direction des affaires, puisqu'il ne peut défendre que ce qu'il approuve, est appelé à exercer, s'il se trouve en face d'une régence ou d'un prince médiocre une influence plus grande que celle du président des cabinets parlementaires, plus grande que celle de M. de Polignac ou de M. Guizot.

La dynastie napoléonienne a eu le rare bonheur de commencer par deux grands hommes. Est-ce un motif pour que nos constitutions soient faites à leur image; et ne peut-on, sans être séditieux, supposer que leurs descendants n'auront pas leur génie? César eut-il des successeurs dignes de lui? Le fils de Charlemagne fut-il à la hauteur de son père?

Les institutions d'un pays ne sont pas fondées en vue d'un jour, d'un règne, d'un homme; elles sont faites pour être durables et doivent, pour résister au temps, être indépendantes des grandeurs et des faiblesses d'une existence humaine.

A tort ou à raison, on ne croit pas que notre système politique ait atteint cette stabilité qui est au-dessus des commotions d'un changement de règne. On redoute le moment où la France perdra la garantie que lui offre aujourd'hui le caractère du souverain. On se demande si l'organisation des rapports du pouvoir exécutif et du pouvoir législatif, qui présente déjà des inconvénients que l'expérience révèle chaque jour, ne présentera pas alors de graves dangers. De là un sentiment de vague inquiétude et un désir contenu, mais profond, de voir les réformes de 1860 complétées dans un sens libéral, et le pays appelé par une sage extension de ses droits, à exercer, lors des échéances fatales, une action plus directe sur

la marche des affaires, un contrôle plus efficace sur les actes des déposi-
taires de l'autorité souveraine.

Le gouvernement ne peut négliger ces symptômes de l'état des esprits :
il doit sortir de la situation actuelle par des résolutions énergiques et
promptes.

Que doit-il faire ?

Remonter le courant, revenir sur le passé, détruire l'œuvre de cinq
années, retirer les concessions récentes ? — Cette entreprise est trop
insensée pour être examinée. On ne recommence pas, en pleine paix
intérieure, le 18 brumaire ou le 2 décembre, au risque de trouver une
catastrophe semblable à celle de 1830.

« Marcher, » poursuivre les réformes commencées, réaliser les progrès
désirés, compléter l'œuvre de 1860, voilà la seule politique pour l'empire,
car, « un gouvernement, s'il ne se met pas franchement à la tête des
« grands intérêts de la civilisation n'a qu'une durée éphémère (1). » Ce
n'est pas nous qui l'avons dit, c'est l'Empereur lui-même.

Du reste, personne ne répudie ce programme libéral, et le monde
officiel ajourne la liberté, mais n'ose pas la proscrire. La majorité de la
Chambre affirme son amour pour le progrès ; le ministre d'Etat, après
avoir consacré son discours du 19 mars à démontrer que les modifications réclamées étaient inutiles ou dangereuses, est forcé de rendre
hommage au sentiment public qui s'impose à lui-même et termine son
discours par une profession de foi libérale.

Puisque tout le monde comprend plus ou moins distinctement que
l'affermissement de la dynastie est inséparable du développement de nos
libertés, que la question à discuter est telle que la posait M. E. Ollivier
dans son discours du 19 mars : « Si ceux qui pensent que l'Empereur
« peut donner la liberté triomphent, la dynastie sera fondée sur le roc :
« si ceux qui soutiennent que l'Empereur ne peut donner la liberté
« l'emportent, la dynastie est condamnée aux aventures. »

La seule proposition à discuter est donc celle-ci :

(1) NAPOLÉON III, *Fragments historiques*, page 243.

Faut-il prolonger le *statu quo* ?

Faut-il entreprendre immédiatement les réformes désirées ?

Prolonger la situation actuelle. — Pourquoi ?

Les questions politiques, suivant l'expression de M. Villemain, ne se supriment pas, elles doivent se résoudre. Si l'Empereur ne donne pas la liberté, ce sera donc à ses successeurs à la donner. Mais cette œuvre leur sera-t-elle possible ?

Une régence, de quelque respect que la France l'entoure, n'aurait jamais la force du gouvernement actuel pour contenir les mauvaises passions.

Le successeur de l'Empereur arrivât-il au trône à l'âge mûr, n'aura ni le prestige des services rendus, ni son autorité morale.

C'est donc à l'Empereur de donner la liberté, car il a le *droit qui vient du peuple et la force qui vient de Dieu.*

Investi des pouvoirs les plus grands après une crise redoutable, il a pendant quinze ans travaillé à calmer les passions hostiles, à rassurer les intérêts effrayés, à organiser un gouvernement fort et respecté. Il a la confiance des masses ; — il a été trois fois leur élu ; — il brille à leurs yeux d'un prestige acquis par les travaux de l'intelligence, les œuvres de la paix, les succès de la guerre ;

Donner la liberté est donc sa mission ; il doit la remplir aujourd'hui ou demain.

Aujourd'hui ! Les aspirations sont contenues dans les limites du raisonnable et du possible, et si le gouvernement prend l'initiative des progrès à réaliser, il pourra modérer et diriger le mouvement libéral qui se produit, et ses concessions seront accueillies comme des bienfaits.

Demain ! . . . .

. . . .

> Avez-vous cependant une pleine assurance
> D'avoir assez de vie et de persévérance,
> Et Dieu, qui tient votre âme et vos jours en sa main,
> Promet-il à vos vœux de le pouvoir demain ?
>
> (CORNEILLE).

. . . .

Pour nous, nous avons confiance dans le succès des manifestations libérales du pays, car nous savons que l'Empereur sait s'élever au-dessus des défaillances intéressées et faire justice des alarmes exagérées.

L'opposition de personnages officiels trop dévoués n'ébranle pas nos convictions, et nous leur dirons ce que M. Gladstone disait aux conservateurs anglais :

« Vous ne pouvez vaincre l'avenir. Le temps est avec nous. Les grandes
« forces sociales dont le tumulte de nos débats ne peut ralentir la marche
« sont contre vous et suivent notre drapeau : ce drapeau peut aujour-
« d'hui être renversé sur nos têtes, mais il se redressera bientôt vers le
« ciel et marchera vers une victoire, difficile peut-être, mais inévitable et
« prochaine. »

Quant à ceux qui, comme nous, ne séparent pas leur dévouement à l'empire de l'amour pour la liberté, nous les supplions de ne point se décourager, de persévérer dans la revendication calme et réfléchie de l'héritage de 1789. Nous avons le suffrage universel et la Constitution est perfectible, c'est assez dire que nos vœux peuvent s'accomplir pacifiquement. Ayons donc confiance dans l'avenir, « ne laissons pas accréditer chez
« nous et dans le monde cette funeste pensée qu'en France une révolution
« s'accomplit plus aisément qu'une réforme... Et cette réforme nous la
« demanderons avec calme, mais avec persévérance, et nous l'aurons,
« car ce que veut le peuple, Dieu le veut. (1) »

XV

Nous ne nous dissimulons pas les périls de la tâche que nous venons d'accomplir. Nous ne serions pas surpris que cette brochure fût présentée comme l'œuvre d'un ennemi.

Et cependant, n'est-ce pas faire acte de dévouement que de dire résolument la vérité ?

(1) M. Abbatucci, député du Loiret, ministre de la Justice sous Napoléon **III**, au banquet d'Orléans, septembre 1847.

« Quel gouvernement, en effet, a su bon gré à ses amis, quand l'heure
« de l'épreuve est venue, de lui avoir trop ménagé les conseils et d'avoir
« moins cherché à l'éclairer qu'à lui plaire. C'est du côté du pouvoir que
« s'élevent. alors contre ceux qui l'ont trop approuvé, les plaintes les
« plus amères, sinon les plus légitimes. Quand Napoléon parlait de sa
« chute, ce n'était pas contre l'Europe, contre les ennemis déclarés du
« dehors et du dedans que s'exhalait surtout sa colère, ses plus amers
« reproches étaient réservés à ceux qui l'avaient trop docilement suivi
« dans ses erreurs, et dont l'approbation funeste avait duré aussi long-
« temps que sa fortune (1). »

En effet, ce qui renverse les monarchies, ce ne sont ni les imprudents,
ni les impatients, ni même les oppositions factieuses ; ce sont les conseillers au dévouement servile, les amis au zèle aveugle, ce sont enfin les
majorités faibles et passionnées.

Au risque de déplaire, nous n'avons pas hésité à signaler ce que nous
croyons un péril. Nous sommes de ceux qui, affirment leur indépendance
au temps de la prospérité, mais qui, au moment des épreuves, sauraient
prouver un dévouement qui résisterait à l'adversité et qui ne changerait
pas avec la fortune.

En écrivant cette brochure, nous avons obéi à cette conviction que, si
nous exprimons l'opinion publique, nous aurons rendu un service au gouvernement ; que si nous nous sommes trompé, nous n'aurons nui qu'à
nous-même.

Les lecteurs de bonne foi trouveront d'ailleurs à chaque page l'énergique affirmation de notre dévouement à deux grandes causes que nous
avons servies dans le passé et que nous voulons dans l'avenir réunir dans
un commun triomphe : l'Empire et la Liberté.

(1) M. Prevost-Paradol.

Anc. Mon BÉNARD. — Imp. SERINGE Frères, place du Caire, 2.

PARIS

ANC. M^{ON} BÉNARD. — IMP. SERINGE FRÈRES

2, place du Caire, 2